Departure

Odlazak

A Mini Novel with Vocabulary Section for
Learners of Croatian

Level 3: Advanced B1
Intermediate Mid/High

2. Edition

Ana Bilić

Imprint

Text Copyright © 2026 Ana Bilić, Vienna, Austria

Cover Design © 2026 Danilo Wimmer, Vienna, Austria

ISBN: 978-3903517011

www.croatian-made-easy.com

Introduction

Departure / Odlazak – from the series Croatian Made Easy is a reader for learners of the Croatian language. It is a mini novel with a vocabulary list at the end.

Level 0: Easystarts / Novice Low - up to 400 words (A1)

Level 1: Beginners / Novice Mid, High – up to 800 words (A1)

Level 2: Intermediate = Intermediate Low – up to 1.200 words (A2)

Level 3: Advanced = Intermediate Mid, High – up to 1.700 words (B1)

Level 4: Perfection = Advanced Low, Mid – up to 2.200 words (B2)

Level 5: Perfection Plus = Advanced High – up to 2.800 words (C1)

Level 6: First Language= Superior – up to 3.500 words (C2)

Level 7: Standard Literature – without vocabulary section

The books from the series *Croatian Made Easy* are designed as reading materials that will help students of Croatian grow their vocabulary and enhance their command of the language. Each book is a mini novel whose theme, grammar and vocabulary are tailored to a specific study level. Here are some indicators to help you decide what your level is:

0. Easystarts / Novice Low – For learners who can use Croatian actively in the present tense.

1. Beginners / Novice Mid, High – For learners who can use Croatian actively in the present tense and have passive understanding of the future and perfect tenses.

2. Intermediate / Intermediate Low – For learners who are able to actively use the present, future and perfect tenses in Croatian.

3. Advanced / Intermediate Mid, High – For learners who are able to actively use the present, future and perfect tenses and have passive understanding of verb aspects.

4. Perfection / Advanced Low, Mid – For learners who are able to actively use the present, future, perfect tenses and verb aspects.

5. Perfection Plus / Advanced High – For learners who are able to actively use the present, future, perfect tenses, verb aspects and have passive understanding of phrases and colloquial language.

6. First Language / Superior – for learners who are able to actively use the present, future, perfect tenses, verb aspects, phrases, and colloquial language.

7. Standard Literature without vocabulary section

For more information about other mini novels, please visit

the website:

https://www.croatian-made-easy.com

Some Tips for Easy Reading

1. Omitted subject – look out for the verb

Always look out for the verb in a sentence and note how it ends. This is very important as the subject is often dropped, and there are words which look like a subject but are not in fact one. This is the case with "mi" and "ti". Both are not only used in the subjective case ("we" and "you"), but also in the objective case ("me", "you" as an object). It is therefore best to start out by looking at the verb and finding out to which (grammatical) person it refers:

Možeš *mi* dati knjigu? – Can **you** give/hand *me* the book?

Šalj**emo** *ti* pismo. – **We** send *you* the letter.

2. Open the vocabulary list/dictionary right away or not?

This depends on whether you just want to read the information in the text, or if you also want to learn the vocabulary contained in it. If you only want to read the text, it is better not to look for help in the dictionary right away. Each sentence will contain some words you know, and you can try and guess what the rest means in the given context. Even if the sentence does not make sense, try to go on and read the next one, and maybe the broader context will help you understand. Only if it still does not work should you consult the dictionary. But if you are reading the text to expand your vocabulary, you should look up all new words to avoid memorizing any incorrect meanings.

3. Do I need to know adjectives at all?

To get a rough idea of the basic story, adjectives are not the top priority. To understand the text fully and enjoy reading it, adjectives are essential.

4. Words with two meanings

These words may be irritating to some readers. Some examples include:

"i" and; also

I ja želim čitati knjigu. *(verbatim)* Also I want to read the book.

"trebati" – shall, should; need

"vrijeme" – weather; time

"se" – myself, yourself, etc.; one (impersonal subject)

– And the list goes on.

It is useful to make a note of such words to avoid getting confused.

CONTENT – SADRŽAJ

1. Kasno u noći

Bilo je kasno navečer i ja sam gledala televiziju. Oči su mi se sklapale, program na televiziji je bio ugodno dosadan i bila sam spremna za spavanje. Ali kad sam ustala iz fotelje, zazvonio je moj mobitel. Bilo je neobično da me netko zove tako kasno. Pogledala sam displej – bio je to Vjeko.

- Vjeko? ... Otkud ti tako kasno?

- Bok, Sandra! Nadam se da ne smetam.

- Htjela sam upravo ići spavati, ali nema problema. Je li sve u redu?

- Da, da, sve je u redu. Htio sam te samo nešto pitati.

- Da?

- Sutra idem u Zagreb. Poznaješ li Fabijana?

Ja sam se nasmijala:

- Fabijana? Kojeg Fabijana, Vjeko?

I Vjeko se nasmijao:

- Ah, ja odmah direktno u glavu, zar ne? Mislio sam na Fabijana Ptičara. On je urednik časopisa «Rečenica».

- Znam ga po čuvenju, ali ga osobno ne poznajem.

- No, dobro, to nije ni važno. Hoću reći da sutra idem u Zagreb jer me je Fabijan molio da mu najhitnije donesem jednu knjigu iz ljubljanske nacionalne biblioteke. Trebaju mu citati iz knjige, nešto za novo izdanje časopisa. Citat je našao u internetu, ali on misli da nije ispravan. Zato treba knjigu, želi ga usporediti. Ne želi da mu knjigu šaljem poštom jer će to trajati. Plaća mi i autobus i sve troškove samo da mu donesem knjigu. I onda sam se sjetio tebe.

- Mene?

- Da. Ti imaš dvije knjige koje si dobila od Senke, zar ne?

- Da, dala mi ih je na čitanje prije pola godine.

- Moja sestra pita jesi li ih pročitala.

- Jesam, pročitala sam ih. Hoćeš li ih uzeti?

- Da. Nije jako hitno, ali sam mislio – kad već idem u Zagreb, mogu ih uzeti.

- Da, nema problema. Ja sam kopirala dijelove koji su mi trebali.

- Koje su to knjige?

- Stare gramatike. Rasprodane knjige, ne mogu se više kupiti. Trebale su mi za jedan prijevod. Reci, kada putuješ?

- Autobus kreće u šest. Ima jedan i u sedam, ali ja bih rado da sam u Zagrebu ranije jer prekosutra imam puno posla. Sutra radim do četiri. Mogu doći poslije posla do tebe i uzeti knjige.

- Onda nećeš stići na autobus.

- Misliš?

- Ti trebaš od tvog posla do mene oko četrdeset minuta i onda od mene do autobusnog kolodvora najmanje još četrdeset minuta.

- Ah, da, to sam potpuno zaboravio: ti živiš na selu.

Ja sam se nasmijala:

- Ja uživam u predgrađu. Uživam u prirodi. Ne gušim se u ljubljanskom smogu kao ti.

- Možeš li onda ti donijeti knjige na autobusni kolodvor? Imaš li vremena?

- Imam jedan sastanak u pola sedam navečer. Mogu ti ih donijeti, ali onda se moram požuriti.

- Znaš, ako ne vratim knjige, onda će se onaj gore na nebu jako ljutiti.

- Bog će se ljutiti na tebe?

- Da. A onda bih mogao poginuti na putu do Zagreba.

- ... Poginuti? Zašto bi poginuo?

Vjeko se kiselo nasmijao:

- Tja...

- Ah, Vjeko, ti si mlad, imaš tek četrdeset tri godine. Još nisi zreo ni da se ženiš.

- Znam ja to, ali ne znam da li to ovaj gore zna ... Vidimo se onda sutra?

- Može.

- Dobro. U pet, onda. Pa ćemo na kratku kavicu.

2. Vjeko

Vjeko i ja se poznajemo već godinama. Njegova sestra Senka i ja smo išle u isti razred. Senka se ponosila svojim starijim bratom i uvijek se hvalila kako njezin brat zna najbolje plivati na školi – još kao dijete je išao na tečajeve plivanja i često je donosio trofeje sa školskih takmičenja. Kad smo bili pred pubertetom, Vjeko i ja smo se zaljubili jedno u drugo. Ta ljubav se tako manifestirala što smo išli četiri puta na sladoled, što smo rekli u razredu da smo cura i dečko i što smo zajedno išli iz škole kući. Put do naših kuća nije trajao dugo, možda desetak minuta jer je Vjeko stanovao samo malo dalje. Ali imali smo posebni status među djecom. Imati dečka, odnosno imati curu, to je bilo nešto posebno, nešto na čemu se zavidi.

U gimnazijskim danima Vjeko je bio u jednom rock band-u, svirao je bas gitaru. Band se zvao «Glava» i bio je jedno vrijeme čak i popularan u Zagrebu. Napravili su hit «Na auto-putu» i jedno se ljeto cijelo vrijeme vrtio na radiju. No to nije dugo trajalo jer su se momci međusobno posvađali i grupa se raspala. Ali ja sam rado bila na njihovim probama u Bobijevoj garaži. Za jednu pjesmu su mi dali tamburin pa sam i ja bila dio band-a. No ta pjesma – «Kišna ljubav» - nije nikad javno izvođena, niti je snimljena, tako da sam ja ostala bez karijere kao muzičarka. Poslije su me zezali da sam ja bila razlog što se grupa raspala jer sam ja bila ta koja je bila «nova» u band-u.

Vjeko je poslije otišao studirati na muzičku akademiju, ali je bio prelijen za svakodnevno vježbanje pa je otišao na literaturu. Ja sam odmah krenula na literaturu tako da smo se poslije često viđali. Na kraju studija ja sam se počela baviti prevođenjem jer sam od djetinjstva dio ljeta provodila kod tete u Ljubljani i slovenski sam govorila bez akcenta. Za vrijeme studija, kad god sam imala slobodnog vremena, radila sam kod tete u njezinom malom hotelu. Vjeko je došao do Slovenije preko studija – on je bio asistent na katedri za komparativnu književnosti, ali kako nije imao velikih šansi da dođe do profesorskog mjesta, iskoristio je ponudu da radi kao asistent na Ljubljanskoj slavistici. Tamo su malo bolje plaćali asistente.

Za vrijeme studija u Zagrebu, Vjeko i ja smo proveli jedno ljeto zajedno. Vjeko je naime volio voziti bicikl na duge staze tako da je jedne godine naše društvo odlučilo ići biciklima od Zagreba do Rijeke, a onda dalje sve do Zadra. I ja sam išla s njima jer je grupa obećala da će se voziti polako i s velikim pauzama. Bilo je to jako lijepo ljetovanje. Najljepše koje sam imala za vrijeme studija. Na kraju, u Zadru, Vjeko i ja smo bili zajedno. Bili smo zajedno kao par i poslije, još mjesec dana u Zagrebu. Ali onda smo prekinuli bez puno uzbuđenja i ostali smo prijatelji sve do današnjih dana.

3. O noćnom posjetitelju

Vjeko i ja smo se našli drugi dan par minuta poslije pet. Otišli smo u obližnju gostionicu. Ja sam naručila kavu, a kad je Vjeko naručio konjak, začudila sam se.

- Vjeko, otkad ti piješ konjak?

- Počeo sam ovaj tjedan.

- Oh... Kako to?

- Ah...

Vjeko je napravio pauzu.

- Da li se što dogodilo? – upitala sam.

- Dogodilo? – čudno me je pogledao. – Ne, nije se ništa dogodilo... Ali moglo bi se dogoditi.

- Što bi se moglo dogoditi?

- Tja, putujem u Zagreb.

- I?

- Mogao bih... Mogao bih ne doći do njega. Poginuti usput. To nikad ne znaš.

Gledala sam ga par trenutaka:

- Da, mogao bi i poginuti. Ali nećeš poginuti. Uostalom, poginuo ili ne, o tome čovjek ne treba razmišljati.

- Reci mi: kad bi ti netko rekao – sutra ćeš poginuti -, da li bi o tome razmišljala?

- A tko bi mi to mogao reći? Tko bi mogao na ovom svijetu znati da li bih sutra mogla umrijeti?

- Kad bi sutra sve okolnosti bile pogodne da umreš, da li bi rekla da je to glupost ili bi o tome razmislila?

Odmahnula sam rukom:

- To je glupost. Svakim danom, u svakom trenutku okolnosti su pogodne da pogineš. Od nekog pijanog vozača, pokvarenog mesa, mogućeg meteorita...

- Ne, ne mislim na to. Kad bi ti netko rekao da ćeš sutra umrijeti jer može predvidjeti nezgodne okolnosti...

- A tko može predvidjeti nezgodne okolnosti?

- Za vikend sam imao, znaš, čudnu posjet. Posjetio me je Bruno.

- Bruno?

- Bruno je bio naš susjed dok smo živjeli u Varaždinu. On je desetak godina stariji od mene. Otišao je studirati teologiju u Santiago de Chile, poslije se vratio u Europu, u Ljubljanu. Kad sam ja došao u Ljubljanu, vidjeli smo se tu i tamo. Popili smo kavu, pričali o familijama, par puta sam nosio neke stvari njegovima za Božić. Nikad si nismo bili previše dobri jer je on malo neobičan za moj ukus – kod njega čovjek ne zna o čemu misli, u razgovoru ponekad promijeni temu bez razloga, u pola rečenice.

- I za vikend si ga pozvao u goste?

- Ne, ne. Pojavio se kao grom iz vedra neba. Prošla je ponoć, ja sam se spremao na spavanje kad je on zazvonio na vrata. Razmišljao sam da li da uopće otvaram, nisam htio noćne posjete. Ali ipak sam otvorio. I on je stajao na vratima, obučen kao svećenik. Pomislio sam: «Zašto je obučen kao svećenik? Pa mi smo ipak prijatelji.» Imao je na sebi dugačku mantiju i oko vrata dugački šal. U ruci je držao malu posudu s vodom. Pitao sam ga odakle on. On je stajao mirno par trenutaka i onda rekao: «Vjeko, došao sam ti podijeliti posljednju pomast.»

- ... Molim?!

- Da, dobro si čula. Posljednju pomast.

- ... Ozbiljno?

- Zapravo nije tako rekao. Rekao je: popudbina. To je stručni termin: popudbina. «Vjeko, došao sam ti podijeliti popudbinu.»

- Nikad čula.

- To ti kažem jer si ti prevoditeljica, možda će ti ta riječ jednom trebati kod prevođenja.

- Nadam se da mi ta riječ neće trebati, Vjeko.

- Upitao sam ga što to treba značiti. On meni na to kaže da je to pomoć. Kakva pomoć, pitam ja. Pomoć u času smrti, da mogu uskrsnuti u Kristu u vječan život.

- ... Je li to neki vic?

- Ja sam mu rekao da hvala lijepo na vječnom životu, ali da ja još nemam namjeru umrijeti. I da je s mojim zdravljem sve u redu, da sam već bio u krevetu jer imam zdrav san, ali da sam ustao i da sam otvorio vrata čak i u ovo doba noći jer nemam neprijatelja koji bi željeli moju smrt. On meni na to kaže mirno: sad je najbolji trenutak jer se posljednja pomast daje kad je čovjek pri svijesti, a ne u trenutku smrti. Sve što trebam jeste da se ispovjedim i da će me on blagosloviti. Tako ću moći lako podnijeti strah umiranja. Jer on zna da ću ja uskoro putovati. I taj put će biti moj zadnji put u ovom tijelu.

- Ma šališ se!

- Najozbiljnije.

- Ali ... Ali kako je znao da ćeš putovati?

- Nije mogao znati. Nisam ni ja znao da ću putovati. Tek jučer ujutro me je nazvao Fabijan. Nakon Brunina posjeta.

- Možda poznaje Fabijana.

- Sumnjam. On nema veze ni sa Zagrebom ni s literaturom.

- Je li bio pijan? ... Ili drogiran?

- Bruno nije bio nikad pijan u životu, a kamoli drogiran. I tada je izgledao kao što uvijek izgleda.

- I? Što si mu rekao?

- Ja sam mu rekao da neću nikuda putovati, i da se nije trebao truditi i nepotrebno brinuti. On mi je rekao da to za njega nije trud, da je to njegova dužnost i da je zato i došao. I da ima sve što je potrebno za posljednju pomast. Gurnuo mi je posudu s vodom pod nos i rekao da je to već pripremljeno i blagoslovljeno na Veliki Četvrtak. Tad sam se jako naljutio. Rekao sam mu da mu je šala neslana i da ako nema pametnijeg posla, neka sebi nađe neku drugu zabavu. On je ljutito ponovio da se nije došao šaliti nego da je došao po dužnosti i neka konačno shvatim u kakvom sam položaju.

- Taj je za ludnicu!

- Ja sam znao da je on lud, ali da je u stanju tako nešto napraviti, to me je zaista iznenadilo. Još mi je rekao da mi je sad potrebno puno snage da prihvatim smrt i da odgađanje posljednje pomasti samo otežava moju situaciju. Ja sam mu na to rekao da nije normalan i neka smjesta ode.

- I?

- Otišao je. Još mi je rekao na odlasku: «Vjeko, putovat ćeš.»

- E, lud čovjek! To nije crni humor, to nije ni zloba, to je bolestan um! Taj čovjek je skrenuo.

- On je uvijek bio čudan. Kao mali, sjećam se, hvatao je miševe i htio ih je nama, djeci, prodavati jer nas je uvjeravao da su iznutra od čokolade. Neki klinci su čak i kupili te crkotine. Kad je njegov stari saznao što radi, istukao ga kao vola u kupusu ... Poslije je skupljao čepove od piva i od njih izrađivao mozaike, slike Isusa. Govorio je kako će postati slavni umjetnik ikona.

- Očito da je potpuno pošašavio.

Vjeko je uzdahnuo:

- Valjda...

- Valjda? ... Kako valjda? To može napraviti samo luđak.

- Znam, ali ... Ja danas zaista putujem.

Pogledala sam ga.

- Okolnosti su baš dobre za smrt. – rekao je Vjeko.

- Vjeko, nemoj biti morbidan! Pa nećeš valjda povjerovati u takvu glupost, bar si ti pametan čovjek.

- Tko je pametan kad je u pitanju odlazak? – rekao je suho.

- Gledaj. Ova autobusna linija je provjerena, vozači su profesionalci – sam si se mogao uvjeriti. Reci, koliko puta si se već vozio autobusom do Zagreba?

- Puno puta.

- I ja li ikad bilo nesreća?

- Nije ... Ali uvijek postoji prvi put, zar ne? Prvi i zadnji put.

Nisam znala što da kažem.

On me je tužno gledao i šutio.

Onda je podigao glavu i gledao po prostoriji kao da traži sugovornika koji bi mu mogao reći nešto drugo. Nešto spasonosno. Gostionica je bila prazna.

Otpio je konjak.

Ja sam otpila svoju kavu.

Što čovjek zna o smrti? Da se ona neće sutra dogoditi? Ili bar ne uskoro? Tko to može garantirati? Čovjek može biti uvjeren da se vjerojatno neće dogoditi. Ali vjerojatnost da se neće dogoditi znači da se ipak i može dogoditi.

4. Iznenadni susret

Dok smo pili naša pića i razmišljali, začuli smo glas iza nas:

- Vjeko? ...

Vjeko je podigao pogled i nasmijao se:

- Mijo! ... Jesi to ti?

Ugledala sam proćelavog čovjeka.

Vjeko je bio oduševljen:

- Mijo! ... Pa to si ti! ... Jesi li?

- Jesam, jesam!

Vjeko je ustao i njih dvojica su se srdačno zagrlila:

- Vjeko, kućo stara! Pa da te ovdje nađem! ... Što radiš ovdje?

- Hahahahaha, čekam tebe, Mijo. Što drugo? ... Mogao si se malo požuriti, znaš? A ne ovako, da te čekam godinama.

- A ja moram putovati da bih te vidio. Nisi u jednom

gradu, nisi u drugom gradu, nisi u trećem gradu, nego ovdje. Daj se malo skrasi, Vjeko, prebrz si za svoje godine, hahahahahah...

Vjeko mi je nasmijan rekao:

- Ovo je Mijo, moj najbolji prijatelj iz bakinog susjedstva, iz Varaždina. Nismo se vidjeli ima bar ... bar pet godina. Je li tako Mijo? Pet ili više?

- Da, pet godina, najmanje. - veselo je potvrdio ćelavko. – Dama je...

- Moja prijateljica Sandra.

Sjeli su za stol.

- Pa kako si ti ovdje došao? Što te donijelo u Ljubljanu?

- Kupovina. Auto-dijelovi i neke stvarčice za kuću. Došao sam ujutro i sad idem nazad busom u sedam.

- Pa kako si znao da sam ovdje, baš u ovoj gostionici?

- Tu u blizini stanuje prijatelj mojeg šogora kome sam trebao predati jedan paket. Čovjek nije bio doma pa sam htio popiti kavu, pričekati malo. I kao da nam je bog dogovorio sastanak.

Vjeko se kiselo nasmiješio:

- Da, Bog zna imati svoje planove.

- Eh, da nije njega, ne bismo se vidjeli.

- Misliš? – rekao je Vjeko.

- Naravno. – potvrdio je Mijo.

- E, Mijo, Mijo, koje iznenađenje ... To moramo zaliti. - mahnuo je konobarici.

Mlada konobarica se odmah pojavila:

- Prosim?

- Konjak, prosim ... Mijo, šta ćeš ti? Sandra?

- Pa ako ti možeš konjak, onda mogu i ja. – rekao je Mijo.

- Ah, volim te kad si društven. – nasmijao se Vjeko. – Šta ćeš ti, Sandra?

- Ja ću sok od jabuke.

Mijo se umiješao:

- Ah, pa ne možeš nam kvariti prosjek. Bar mali konjak?

- Ne, ja ne pijem konjak, Mijo.

- Onda votku-juice?

- U ovo doba dana?

- Samo da možeš nazdraviti s nama.

Vjeko se umiješao:

- Mijo, nemoj tjerati ženu na ružne stvari. Ako želi sok od jabuka, onda sok od jabuka.

- Koje ružne stvari? Mi samo slavimo, ne radimo ružne stvari. – odgovorio je Mijo.

Ja sam se nasmijala:

- No dobro, može malu votku-juice.

5. Tajna želja

Kad smo nazdravili, Mijo je upitao Vjeku:

- Vjeko, znači to je Sandra?

- Da, to je Sandra. - rekao je Vjeko uz dozu neugode.

Bilo mi je neobično da to Mijo pita.

Mijo je dalje upitao:

- I? Jeste se konačno vjenčali?

Pitanje me je zbunilo:

- ... Vjenčali?

No Vjeko je ostao miran. Rekao je:

- Ne, nismo. Ostali smo prijatelji.

Upitala sam Vjeku:

- Vjeko, ne razumijem kontekst. Zar si ti mene htio oženiti?

Vjeko se nasmijao:

- Jesam. Ali te to nikad nisam pitao.

- Ali mi nismo nikad bili dugo zajedno. Samo jedno ljeto na studiju. I jednom kad smo bili djeca, ali to se ne broji.

- Ma znaš, ja nisam nikada htio da strast određuje moj brak. Ja sam konzervativan tip, htio sam oženiti ženu s kojim bih mogao ostati i kad prođe strast.

Sad sam bila još zbunjenija:

- Ali ti nisi nikad pokazivao ozbiljne namjere.

- Tebi nisam, ali sam o njima pričao Miji. A on to nije zaboravio.

Mijo se nasmijao:

- Kako bih? Ti si stalno pričao o jednostavnoj i finoj Sandri koju ćeš jednom oženiti.

Vjeki je sada postalo jako neugodno:

- Ah, Sandra, to je prošlo. Sada smo prijatelji i već sam zaboravio kako se prosi djevojka.

- Vjeko, ja nisam imala pojma.

- Otkud bi i imala? To nije bila tema između nas ... Samo moja želja.

- ... Ah, tako...

Mijo je rekao:

- Nadam se da nisam nešto pogrešno rekao. Čujte, ja sam samo...

Vjeko ga je prekinuo:

- Sve je u redu, Mijo, to je prošlo vrijeme. Sandra i ja

smo jako zadovoljni što smo prijatelji. Zar ne, Sandra?

- Da. – potvrdila sam i dalje zbunjena.

- A kako tvoj ljubavni život, Mijo? – upitao je Vjeko.

- Odlično, hvala. Nikad bolje. Imam veliku novost – postao sam deda!

- Deda?! Pa ti imaš četrdeset godina.

- Četrdeset sedam godina. - ispravio ga je Mijo.

- Pa kako već djed? Ja znam da si se oženio mlad i da imaš kćerku, ali ona ima deset godina.

- Imala je deset godina prije deset godina, Vjeko. Vrijeme leti kao avion u padu. Marica ima dvadeset godina i rodila je sina prije dva mjeseca.

- Dvadeset godina? Pa kada prije, Mijo? Kod mene se sat ne vrti tako brzo kao kod tebe, hahahahah...

- Da, kod vas u inozemstvu su satovi jako loši, hahahahaha...

- Pa onda moramo nazdraviti! ... Kako se zove unuk?

- Bartol.

- Za Bartola! Živjeli!

- I za Maricu!

- Živjeli!

Popili smo po gutljaj, a Vjeko je nastavio brbljavo:

- Reci, Mijo, kad se Marica udala? Nisi zvao na svadbu.

- Nije se udala. Ona živi sa Žarkom već godinu dana i rekli su da se neće vjenčati.

- A tako...

- Da. Ako se djeca vole, onda nije važno jesu li vjenčani ili nisu.

Mijo me je upitao:

- A ti Sandra, jesi ti udana?

- Ne, nisam udana. Ja sam, izgleda, ostala stara «frajla».

- Tako lijepa žena? Pa to moram ispraviti. - rekao je Mijo uz šarmantni osmijeh.

Vjeko se umiješao:

- Mijo, zar nisi ti oženjen?

- Više nisam. I to je novo. Postao sam momak.

- Hahahahaha, da, pravi momak i stari djed, sve u jednom, hahahaha ... Iznutra momak, izvana djed ... hahahaha...

Ja sam rekla:

- Ali vrlo simpatični djed.

- Onda nemaš ništa protiv da mi daš tvoj broj telefona? Odavde do Varaždina nema ni par sati vožnje.

Vjeko je ljutito pogledao Miju:

- A odavde do odavde ima još manje vožnje.

- Pa, Vjeko, ti si imao šansu kod Sandre pa si je prokockao. Sada dozvoli da ja pitam za broj telefona.

- Mijo, ti si nepouzdan, ti si se već ženio i brak ti je propao.

Mijo ga je ozbiljno pogledao:

- ... Propao? ... Možda je propao, ali ja sam bar pokušao. Sad znam kako to ide pa neću više praviti greške. Na greškama se čovjek uči.

Vjeko je šutio sekundu, a onda mi se okrenuo:

- Naravno, ako hoćeš, ti mu možeš dati broj telefona.

- Vjeko, to je zaista lijepo od tebe što mi dozvoljavaš da dajem moj telefonski broj drugim muškarcima. To je vrlo ljubazno od tebe.

- Da, ja sam vrlo ljubazan tip. Ja se volim brinuti o tebi.

- Da? Tek onda kada se netko drugi želi brinuti o meni?

Vjeko je šutio.

I Mijo je bio zbunjen.

Svi smo uzeli čaše u ruke.

Vjeko se okrenuo Miji:

- Znaš, Mijo, o kome sam pričao prije nego što si došao? O Bruni.

- O Bruni?

- Da, posjetio me je neki dan.

- Da. Kako je on sada?

- Pričali smo samo kratko. Ja ga nisam pustio u stan jer je bio morbidan. Pričao je stalno o smrti.

- Ah, tako ... Nije čudo. Njegova mama mi je rekla da Bruno ima psihičkih problema. To mi je rekla naravno u povjerenju, ali ja znam da ti to nećeš nikome reći.

Okrenula sam se Vjeki i rekla:

- Eto, vidiš, Vjeko. Čovjek ima psihičkih problema.

Vjeko me je pogledao s olakšanjem. Ja sam se okrenula Miji:

- Bruno je pričao Vjeki o tome kako će Vjeko poginuti. I bio je pri tome jako uvjerljiv.

- Ah, ne uzimaj ga ozbiljno. – rekao je Mijo. – On je skrenuo, to je sve.

I ja sam sad osjetila olakšanje. Bilo mi je žao što je jadan čovjek imao psihičkih problema, ali s druge strane bilo mi je drago da su njegove riječi izgubile uvjerljivost za Vjeku.

Popila sam piće i pogledala na sat:

- Deset je do šest, moram ići. A i ti moraš ići, Vjeko. Ovdje su knjige, zahvali se Senki u moje ime.

Ustala sam i pružila Miji ruku na pozdrav. On je ustao, poljubio mi ruku i rekao:

- Ovakvo šarmantno društvo mi je popravilo dan.

Onda je izvadio vizitkartu i pružio mi je:

- Ako imaš vremena za kavu, ja ti stojim na raspolaganju, u svako doba dana i noći.

Nasmijala sam se:

- U svako doba dana i noći?

- Da. I to ne samo za kavu, nego za sve što ti padne na pamet.

Vjeko se umiješao:

- Hajde, pusti ženu da ide. Nema ona vremena za dane i noći s tobom.

Vjeko me je otpratio do vrata gostionice. Pogledao me je tužno i rekao:

- E, pa, zbogom ... Nadam se da ću preživjeti ovaj put.

Oštro sam rekla:

- Kakve su to sad opet gluposti?!

On se nasmijao:

- ... No dobro, dobro ... Kako bi ljudi rekli: «Nemoj kaj zameriti.»

Gledala sam ga sekundu, a onda rekla:

- Gledaj, Vjeko. Ja nemam recept kako se trebamo ponašati s tom temom. Ali ja imam za tu svrhu, za taj moment, pred očima popis ljudi koje sam voljela i koji su mene voljeli. To daje snagu. Na drugo ne mogu utjecati.

Vjeko me je upitao:

- Jesam i ja na toj listi?

- Naravno da jesi!

On me je pogledao kao dijete, pa rekao:

- Hvala ti.

- Ali sutra ćeš me nazvati. Jasno?

- Hoću. Naravno.

- Onda je sve dogovoreno. Okolnosti nas se ne tiču.

- Da. Okolnosti nas se ne tiču.

6. Teško jutro

Sutradan sam ustala vrlo rano, skuhala kavu i, dok se kava hladila, otvorila sam moj laptop. Sjela sam na terasu i listala elektronske novine. Polako sam otpijala gutljaj po gutljaj kave.

Na jednoj stranici bila je crna kronika i kad sam je otvorila, ugledala sam veliki naslov:

«Autobusna nesreća u blizini Ljubljane».

Pljuvačka mi je zapela u grlu.

Grozničavo sam čitala:

«Noćas oko sedam sati lokalni autobus skrenuo s ceste. Troje mrtvih, dvoje povrijeđenih.»

Kakav autobus? ... Lokalni ... Nije međunarodni nego lokalni ... Znači, nije Vjekin ... Huh...

Onda sam zastala.

Sad sam bila ljuta: ipak je taj glupi razgovor s Vjekom ostavio dojam na mene!

Potražila sam članke o ostalim saobraćajnim nesrećama. Bile su tri, ali nigdje nije sudjelovao autobus.

Duboko sam izdahnula.

Uzela sam kavu i otpila gutljaj.

U sljedećem trenutku palo mi je na pamet:

«Što ako se nesreća dogodila u Hrvatskoj, a ne u Sloveniji? ... Kod Zaprešića, odmah prije Zagreba. Tamo se često događaju nesreće.»

Otvorila sam hrvatske elektronske novine i potražila crnu kroniku. Ugledala sam veliki naslov:

«Teška saobraćajna nesreća kod Zaprešića – troje mrtvih.»

Ukočila sam se od straha.

Pročitala sam:

«U saobraćajnoj nesreći je sudjelovao autobus iz Ljubljane koji je vozio na redovnoj liniji Ljubljana – Zagreb. Na skretanju za Zagreb vozač autobusa je u zavoju izgubio kontrolu nad vozilom, autobus je izletio sa ceste i prevrnuo se na bok. Poginulo je troje odraslih, petoro ljudi je teško ozlijeđeno, a desetoro ljudi lakše. Nije poznat razlog zašto je došlo do saobraćajne nesreće. Istraga je u toku.»

Krv mi se sledila u žilama.

7. Potraga za Vjekom

Uzela sam mobitel i stisnula broj Vjekine sestre u Zagrebu.

Nije se javila Senka nego njezina kćerka.

- Zdravo Matilda. Reci mi, je li mama kod kuće? ... Nije? ... A reci mi je li ujak Vjeko kod vas? ... Nije? ... A kad će se mama vratiti s tržnice? ... Hoćeš joj reći da me nazove kad se vrati? Moram je nešto važno pitati ...

Nakon deset minuta zazvonio je mobitel.

- Bok, Senka ... Da, dobro sam ... Znaš, imam jednu neugodnu vijest, koja još nije potvrđena, i nadam se da neće ni biti, ali ... Ne, ne radi se o meni, nego o Vjeki ... Ali reci mi prvo: je li Vjeko došao? ... Nije? ... Nisi znala da dolazi? Nije ti ništa rekao? ... Jučer navečer, busom u šest ... Trebao je odnijeti neku knjigu Fabijanu Ptičaru, a i ja sam mu dala knjige za tebe, one stare gramatike ... I znaš što sam upravo pročitala u novinama? Da je bila saobraćajna nesreća kod Zaprešića, autobus iz Ljubljane se prevrnuo, troje mrtvih ... Znam da je to malo histerično, ali ja sam to odmah povezala s Vjekinim autobusom ... Da, on je ušao u autobus. Prije toga smo popili još po piće, bio je i Mijo s nama ... Iz Varaždina ... Slučajno je došao, on se vraćao nazad u Varaždin ... Jesam li sigurna da je on bio u autobusu? Pa nisam vidjela svojim očima da je ušao u autobus jer sam otišla u deset do šest, ali vjerojatno je ušao u autobus ... Da, spomenuo je još jedan autobus u sedam. Ali nije htio ići na njega jer je htio biti u Zagrebu što prije ... Znam da je glupo, ali Vjeko je bio u prilično lošem stanju. Pričao je kako će poginuti u saobraćajnoj nesreći i bio je prilično uvjeren u to. Ja sam se, priznajem, uplašila i kad sam pročitala u novinama o saobraćajnoj nesreći, onda sam se tek pravo uplašila ... Misliš da nije ni krenuo za Zagreb? ... Aha ... Nije prvi put da je odustao od putovanja? ... Onda dobro ... Ako tako misliš ... Pa da, imaš pravo ... Hoću, sad ću ga nazvati i provjeriti je li kod kuće ... Dobro. Nisam htjela da te plašim, ali zbilja je zvučao fatalno ... Nazvat ćeš policiju? Da, to je dobro, treba provjeriti ... Naravno, ako je sve u redu, onda provjeri i kod Fabijana ... Dobro, čujemo se.

Stisnula sam Vjekin broj.

Pustila sam da dugo zvoni, ali nitko se nije javljao.

Nazvala sam još jedanput. Bez odgovora.

Nazvala sam i treći put.

I dalje nije bilo odgovora.

8. Kratki razgovor s Mladenom

Ubrzo je zazvonilo. Bila je to Senka.

- ... I? ... Policija još nema informacija? ... A kad će imati? ... Javit će? ... Vjeko nije bio ni kod Fabijana? ... Jako je ljut jer je čekao knjige? Da, i ja bih bila ljuta ... Da, jesam. Tri puta sam ga nazvala, ali ništa ... Ah, sad sam ti utjerala strah u kosti, zar ne? Oprosti, nije mi bila namjera ... Hoću, nazvat ću ga još jedanput ... Znaš koga bih još mogla nazvati? Mladena ... Mladena u Ljubljani. Mladen stanuje u blizini kolodvora, oni su si jako dobri, možda je otišao do njega i tamo se zadržao ... Da, svakako, javit ću ti se ...

Stisnula sam Mladenov broj.

Dugo je zvonilo prije no što sam začula nervozan glas:

- ... Samo če je konec sveta! ... – čula sam na slovenskom.

- Prosim?

- Kdo je? – začula sam ljutiti odgovor.

- Sandra ovdje, oprosti Mladene što te budim, znam da nije tvoje vrijeme za ustajanje, ali samo mi reci je li Vjeko kod tebe.

- Koji Vjeko?

- Tvoj bivši cimer – Vjeko.

- Vjeko? ... Nema tu Vjeke.

- Ne mogu ga naći pa sam mislila da je kod tebe. Jučer je putovao u Zagreb, ali ne znam je li došao do Zagreba.

- Nego gdje bi došao? Do Londona?

Nasmijala sam se u neugodi:

- Čuj, neću te dalje smetati, vrati se u krevet ... I oprosti na smetnji.

Veza je bila prekinuta bez pozdrava.

9. Informacija

«Pa gdje je?!»

Bila sam iznervirana. Ljutio me je moj strah i ljutilo me je to što se pokazalo da je opravdan. Ljutilo me je i to što sam dopustila da povjerujem Vjekinoj priči o autobusnoj nesreći, o mogućoj smrti, o definitivnom odlasku. Ljutilo me je što nisam ništa znala o smrti. Kako se zapravo ona događa? Je li ona zbilja samo igra okolnosti, vlastita zbunjenost, i završetak koji se slučajno dogodi? A isto tako i ne mora se dogoditi. Ali se ipak dogodi ... Ja sam pobožna, ali nikada nisam razmišljala o smrti. Ta tema jednostavno nije bila aktuelna u mojim godinama. Ona je bila tema za puno stariju generaciju ... Je li ludi Bruno zaista imao pravo? Treba li čovjek biti uvijek pripreman?

Stisnula sam još jedanput Vjekin broj.

Pustila sam da zvoni.

Ali nije bilo odgovora.

Izvadila sam vizitkartu koju sam dobila od Mije. Ispod Mijinog imena je stajao broj mobitela i broj firme «Zoraplast».

Nazvala sam mobitel.

Nitko se nije javio i uključila se automatska sekretarica. Ali ja nisam htjela ostaviti poruku. Nisam htjela i njega plašiti mojim strahom.

Onda sam stisnula broj u firmi.

Javio se ženski glas:

- Dobar dan, «Zoraplast», izvolite.

- Sandra Jurić na telefonu. Molim vas, mogu li dobiti Miju Pintarića?

- Gospodin Pintarić nije u firmi. Želite li ostaviti poruku?

- Ja sam Mijina prijateljica. On se ne javlja na mobitel pa sam mislila da je možda u firmi.

- Ne, nije u firmi. Danas još nije dolazio u firmu.

- Oh, kako to?

- Ne znam. Vjerojatno ima neke poslove van firme.

- Ne znam kako da dođem do njega. Ne javlja se na mobitel, a ja ga hitno trebam.

- Hm ... Osim mobitela nema drugog načina da dođete do njega ... Jedino još možete nazvati njegovu kćerku.

- Maricu?

- Da. Možda je kod nje ili možda ona zna gdje je. Možda je skočio do nje usput. On je jako ponosan što je postao djed pa sada koristi svaki moment da ide gledati unuka.

- Da, i meni je pričao o Bartolu.

- I Vama? – nasmijala se žena. – Ovdje cijela firma zna kada Bartol jede, kada spava, kad je budan i kad je rekao «deda». To naravno nije moguće – da Bartol govori jer ima samo dva mjeseca, ali ljubav je ljubav.

- Možete li mi dati Maričin broj?

- Da, naravno. Imate li nešto za pisati?

- Imam. Recite.

- 095 3389 224.

- Ponovit ću: 095 3389 224.

- Tako je.

- Hvala. Molim Vas, ako vidite Miju u međuvremenu, možete li mu reći da mi se javi?

- Da, naravno.

- Recite samo: Sandra iz Ljubljane. On će znati.

- U redu, nema problema.

- Doviđenja i hvala još jednom

- Nema na čemu, doviđenja.

10. O Miji

Stisnula sam Maričin broj.

Javio se muški glas:

- Molim?

U pozadini se čuo plač bebe.

- Ovdje Sandra Jurić. Jesam li dobila broj Marice Pintarić?

- Jeste. Ali Marica sada ne može pričati, u poslu je. Ovdje Žarko. Mogu li Vam pomoći?

- Ja sam Mijina prijateljica i htjela sam pitati Maricu da li možda zna gdje je njezin otac. Ne mogu ga dobiti na mobitel, a u firmi su mi rekli da pitam kćerku. Kažu, Mijo često svraća do unuka.

Muškarac se nasmijao:

- Da, deda je svaki dan tu. Ali danas nije bio ... Samo malo.

Čula sam kako govori:

- Marice, je li deda bio danas tu?

- Nije. Zašto?

- Pita njegova prijateljica.

Nakon pauze sam čula:

- Moj tata ima prijateljicu?

Poslije toga sam čula korake i onda ženski glas:

- Dobar dan, Marica ovdje.

- Dobar dan, ovdje Sandra Jurić.

- Trebate mog oca?

- Da. Je li možda znate gdje je?

- Ne, ne znam. Je li nešto hitno?

- Ne, nije tako hitno. Ne javlja se na mobitel pa Vas zato zovem. Mislila sam – ako znate gdje je, super – ako ne znate, opet sve o.k. Htjela sam ga pitati nešto u vezi našeg zajedničkog prijatelja.

- Aha ... Ne, ne, danas nije dolazio do nas. Što ne znači da neće doći. Dolazi svaki dan. Jedino jučer nije došao, bio je u Ljubljani cijeli dan ... A Vi već dugo poznajete mog oca? – glas je zvučao radoznalo.

- Ne, ne. Mi smo se jučer upoznali. Ja živim u Ljubljani i mi smo se upoznali na autobusnoj stanici, prije nego što je Mijo išao na autobus.

- A tako.

- No dobro. Ne želim Vas dalje smetati. Ako se Mijo pojavi, možete li mu reći da mi se javi?

- Naravno ... Sandra, zar ne?

- Da, Sandra iz Ljubljane.

- Može.

- Hvala Vam.

11. Daleki glas

Još jednom sam nazvala Vjekin broj. Još uvijek sam se nadala da je Vjeko možda kod kuće.

Već kad sam htjela prekinuti vezu, začula sam bunovan ali poznat glas:

- ... Ha?

- Vjeko?

- ... Da?

- Pa dobro gdje si ti?! - gotovo sam vikala. - Cijelo te jutro tražim! Već sam mislila da si poginuo! Da ti se autobus prevrnuo, u što si me gotovo uvjerio. Znaš kako se Senka brine? Zašto se nisi nikom javljao?! ... Dobro, prestat ću vikati ... Pa vidiš da sam prestala vikati! ... Što? Napili ste se, ti i Mijo? ... I nisi otišao na autobus? ... Ni Mijo? ... Znači, nastavili ste piti, a mene si ostavio u uvjerenju kako ćeš poginuti? Pa fino, baš ti hvala! ... Gdje je sad Mijo? ... Spava blaženo na kauču?! ... Dobro, prestat ću! Ali izvoli odmah nazvati Senku i reći joj da si živ ... I da mi više nikad ne kažeš kad ćeš putovati u Zagreb! ... Da, brinula sam se za tebe. Pa valjda bi se i ti brinuo za mene kad bih ti rekla da ću sigurno poginuti! ... Ljuta? Nisam ljuta na tebe, drago mi je da si živ ... Boli te glava!? I treba te boljeti glava! Nadam se da te tako jako boli glava da ćeš umrijeti od bolova! ... Dobro, ispavaj se, ali prije obavezno nazovi sestru ... Bok ...

Pogledala sam u svoju hladnu kavu i još jednom u ovom jutru duboko izdahnula:

«Ah, koja kava!»

«I koje iskustvo. Tko bi rekao da se čovjek može jedno jutro probuditi i začuditi se o čemu mora razmišljati.»

Onda sam se sjetila moje bake. Bake koju sam jako voljela, ali koja je umrla da nitko nije znao zašto. Ja sam tada imala osam godina i moja mama mi nije mogla objasniti što se događa s bakom. Baka je polako umirala, a liječnici nisu znali zašto. Tek poslije se ustanovilo da se radilo o nekoj rijetkoj bolesti krvi za koju nije bilo lijeka. Ja sam dugo plakala kad sam čula da će ona umrijeti. Dva dana prije njezine smrti ja sam je pitala da li ona zna kako će to izgledati kad ona više neće moći disati. Pitala sam je kako će se ona onda osjećati i što će se onda dogoditi. Baka je kratko šutjela, a onda se nasmiješila i rekla da ona ne zna kako će to točno biti, ali da misli da će to biti kao vožnju autobusom u grad koji ne poznaje. Kad dođe u taj grad, onda će se ona već nekako snaći. Ona je u svakom slučaju već imala kartu za taj autobus. Kakva je to karta za autobus, upitala sam. To je posebna karta i na nju su napisana imenima ljudi koje je ona voljela i koji su nju voljeli. Ta karta je slična plesnoj kartici. Davno prije, kad su bili jako popularni balovi, postojala je plesna kartica – u nju su se upisivali plesni partneri za određeni ples. Tako je i s kartom za autobus u nepoznati grad gdje se ne treba disati. Što je upisano više ljudi na toj karti, to je put do grada ugodniji. Jer se na putu u taj grad može dugo čitati i ne treba se razmišljati o gradu i o strahu i o tome što će se tamo dogoditi. To daje snagu, rekla je baka.

I sada sam se sjetila tih riječi.

Otpila sam zadnji gutljaj kave, uzela stvari sa stola i krenula u kuhinju. Razmišljala samo o tome koje danas imam obaveze.

Pomislila sam također:

«Kad se Vjeko naspava, moram ga nazvati i razgovarati s njim. Još uvijek mi nije jasno zašto je on pričao Miji tako puno o meni. »

I nekako sam bila sretna zbog takve budućnosti i zbog takvog razgovora.

Vocabulary

Abbreviations:
acc. – accusative
coll. – colloquial language
dat. - dative
dial. – dialect
f - female
fig. – figurative
gen. – genitive
inf. – infinitive
inst. – instrumental
lat. – Latin
loc. – locative
m – male
n - neuter
N - nominative
pej. – pejorative, deprecative
pfv. a. – perfective aspect
pl. – plural
PPA – past participle active
sg. – singular
Slo. – Slovenian
voc. – vocative
vul. – vulgar

A

auto-dijelovi (pl.) – auto parts, car component

auto-put – motorway, freeway, highway

automatska sekretarica – answering machine

bakino susjedstvo – grandma´s neighborhood

bal, (pl.) balovi – ball

bar – at least

baš – (used as emphasis of statement) just, but

baviti se (ja se bavim) – to deal, to engage

bez – without

bih → kako bih zaboravio? – how should I have forgotten?

bivši, bivša (m/f) – past, former

blagoslovljen, blagoslovljena (m/f) – blessed

blagosloviti (ja blagoslovim) pfv. a. – to pronounce the blessing

blaženo – peacefully

blizina – nearness; u blizini – near, nearby, close

bog = Bog – God

bok, (pl.) bokovi – hip; auto se prevrnuo na bok – car has overturned sideways

bol, (pl.) bolovi – pain

bolest (f) – illness

bolestan, bolesna (m/f) – ill

boljeti (ja bolim) – to hurt, to be painful; boli te glava? – have you a headache?

brak – marriage

brbljavo – gassy, gossipy

brinuti se (ja se brinem) – to worry; to take care

broj – number

brojati (ja brojim) – to count; to se ne broji – it doesn´t count

budan, budna (m/f) – awake

buditi (ja budim) – to awake

budućnost – future

bunovan, bunovna (m/f) – dozy

C

cesta – street, path, way

cimer (coll.) – roommate

citat – quotation, excerpt

crkotina – rotten carcass

crna kronika – newspaper chronicle about daily accidents and criminal cases

cura (coll.) – girlfriend (romantic relationship)

Č

čak – even

čas – moment; čas smrti – the moment of death

čaša – glass

časopis – journal, magazine

če (Slo.) – ako; samo če je konec sveta (Slo.) – only if comes the end of the world

čekati (ja čekam) – to wait

čemu → o čemu – about what

čep, (pl.) čepovi – bottle cap
čovjek – person; human; man
čudan, čudna (m/f) – strange, odd
čudo – wonder; nije čudo – no wonder
Čujemo se! – We stay in touch!
Čujte! – Listen!
čuvenje → po čuvenju – from hearing

Ć

ćelavko (coll.) – bold head, boldy

D

daje se – to be given
dala – given; (inf.) dati (ja dadem or ja dam) pfv. a. – to give
dalje – further; next; forward
dama – lady
današnji (m) – today´s; do današnjih dana – down to the present day, until today
davati (ja dajem) – to give
davno – at that time, then; davno prije – a long time ago
dečko (coll.) – boyfriend (romantic relationship)
deda (coll.) – grandpa
desetak – circa 10
desetoro – ten people
dijelovi (pl.) – parts; N. Sg. dio – part

dio – part

disati (ja dišem) – to breath

djetinjstvo – childhood

djevojka – young girl

doba – time; u ovo doba dana – at this time of the day; u svako doba dana i noći – day and night; u ovo doba noći – at this time of the night

dobiti (ja dobijem) pfv. a. – to get

doći (ja dođem) pfv. a. – to come

dođe – he/she comes; (inf.) doći (ja dođem) pfv. a. – to come

dogoditi se (ja se dogodim) pfv. a. – to happen

dogovoreno – deal, done

dogovoriti (ja dogovorim) pfv. a. – to arrange, to settle, to agree; dogovoriti sastanak – to make an appointment; to make a date

dojam – impression; ostaviti dojam – to leave an impression

dok – while

doma (coll.) – at home; (to) home

donijeti (ja donesem) pfv. a. – to bring, to bring with; donositi (ja donosim) – to bring, to bring with

dopustiti (ja dopustim) pfv. a. – to allow, to permit, to approve

dosadan, dosadna (m/f) – boring

doza – dose

Dozvoli! – Let me do it!

dozvoliti (ja dozvolim) pfv. a. – to allow, to permit, to approve dozvoljavati (ja dozvoljavam) – to allow, to permit, to approve

drago → bilo mi je drago – it was my pleasure

drogiran, drogirana (m/f) – to be drugged

drugo – other; Što drugo? – what else?

društven, društvena (m/f) – social

društvo – company; clique

duboko – deep

dužnost – duty; po dužnosti – official

dvoje – two people

dvojica – two men

E

E! – Alas! Oh!

Eto! – Here we are! Here you are!

F

fatalno – fatal

fin, fina (m/f) – fine

frajla (coll., pej.) – older unmarried woman

G

garaža – garage

garantirati (ja garantiram) – to guarantee

glas – voice; ženski glas – woman´s voice

glava – head; on direktno u glavu (coll.) – he doesn't mince matters

Gledaj! – Look!

glup, glupa (m/f) – stupid, silly

glupost – nonsense

god → kad god sam imala vremena – whenever I had time

godina – year; za svoje godine – in your age; u mojim godinama – in my age

godinama – for years

gore – above

gostionica – inn, pub, guesthouse

gotovo – almost, nearly

greška – mistake; praviti grešku – to make a mistake

grlo – throat; pljuvačka mi je zapela u grlu – I have lost the spit, I was breathless

grom – thunderbolt; kao grom iz vedra neba (phrase) – like a bolt from the blue

grozničavo – frenetic

gurnuti (ja gurnem) pfv. a. – to push; gurnuti pod nos – to rub sth. in

gušiti se (ja se gušim) – to choke

gutljaj – mouthful, sip; gutljaj po gutljaj – in sips

H

Hajde! – Come on!

histerično – hysterical

hitno – prompt, immediately

hladiti se (ja se hladim) – to grow cold, to get cold

hvaliti se (ja se hvalim) – to boast

hvatati (ja hvatam) – to catch

I

i – i = both – and, as well as

igra – play, game

ikada – ever

ikona – icon

ime, (pl.) imena – name

inozemstvo – abroad

ipak – however, only, though

iskoristiti (ja iskoristim) pfv. a. – to take advantage

iskustvo – experience

ispavati se (ja se ispavam) pfv. a. – to have a good night´s rest, to have a lie-in; Ispavaj se! – Have a good night´s rest!

ispovjediti se (ja se ispovjedim) pfv. a. – to confess

ispravan, ispravna (m/f) – correct, right, proper, exact

ispraviti (ja ispravim) pfv. a. – to correct

istraga – enquiry, inquiry

istukao – beaten; (inf.) istući (ja istučem) pfv. a. – to beat

izdanje – edition

izgubiti (ja izgubim) pfv. a. – to lose

izletjeti (ja izletim) pfv. a. – to fly away; izletiti s ceste – to get off the road iznenadan, iznenadna (m/f) – unexpected

iznenađenje – surprise

iznenaditi (ja iznenadim) pfv. a. – to surprise

iznerviran, iznervirana (m/f) – annoyed

iznutra – inside, from the inside

izrađivati (ja izrađujem) – to make, to tinker

izvaditi (ja izvadim) pfv. a. – to take out, to take

izvana – outside, from the outside

Izvoli! – Please!; Izvoli odmah nazvati! – You must call now!

J

jadan, jadna (m/f) – poor

javiti se (ja se javim) pfv. a. – to answer, to get in touch

javljati se (ja se javljam) – to answer, to get in touch

javno – public; javno izvođena (f) – publicly broadcasted

je – it; (acc. sg.) her

jedino – only

jedno – one, one thing; sve u jednom – all in one

jednom – once

jednostavan, jednostavna (m/f) – simple

jednostavno – simple

još – still

jutro – morning

kaj (dial.) = what; Nemoj kaj zameriti. (dial.) = Nemoj ništa zamjeriti. – No offense. No harm meant.

kakav, kakva, kakvo (m/f/n) – what kind (adjecitve)

kamoli – not to mention, let alone

kao – as if

kao – as (compared); kao mali – when I was little

kasno – late

kavica = mala kava (coll.) – coffee; ići na kratku kavicu (coll.) – to meet sb. briefly for coffee

kažem – I say; (inf.) kazati (ja kažem) – to say

kdo (Slo.) – who; kdo je? (Slo.) – who is it?

kiselo – bitter

kišna ljubav – rainy love

klinci (coll.) – kids

književnost – literature

kojeg – (acc. sg.) that, who

kome (dat.) – to whom

komparativna književnost – comparative literature

konačno – at least

konec (Slo.) – end; samo če je konec sveta (Slo.) – only if the end of the world comes

kopirati (ja kopiram) – to copy

korak – step

koristiti (ja koristim) – to use, to make use of; koristiti svaki moment – to use every opportunity

kraj – end; na kraju – at the end

kratki, kratka (m/f) – short

kreće – he departs; (inf.) kretati (ja krećem) – to depart, to leave, to go

krenuti (ja krenem) pfv. a. – to set off, to move off

krevet – bed

Krist – Christ

krv – blood

kuća – house, home; Kućo stara! – Old buddy! («Old house!»)

kućni broj – landline number, fixed line

kupiti (ja kupim) pfv. a. – to buy

kupovina – shopping, buying

kupus – cabbage; istući koga kao vola u kupusu (phrase) – to beat so. black und blue

kvariti (ja kvarim) – to spoil; kvariti prosjek (coll.) – to be a spoilsport, to be a killjoy, «to deteriarte the average»

L

lako – easy

lakše – easier

leti – he flies; (inf.) letjeti (ja letim) – to fly

lijek, (pl.) lijekovi – medicine, medicament

lista – list

listati (ja listam) knjigu – to thumb through a book, to browse in the book; to scroll

literatura – literature

lud, luda (m/f) – mad, silly

luđak – madman

ludnica (coll.) – madhouse

Lj

ljetovanje – holiday
ljubavni život – love life
ljubazno – nice
ljudi – people
ljut, ljuta (m/f) – angry, annoyed
ljutiti se (ja se ljutim) – to get angry, to be upset
ljutito – angry, annoyed

M

ma – (used as emphasis of statement) but, though
mahnuti (ja mahnem) pfv. a. – to wave
mali (m) – the little one; kao mali – as a boy, as a kid
manje – less
mantija – robe
me – (acc.) me
međunarodni – international
međusobno – among each other
međuvremenu → u međuvremenu – meanwhile
mene – (acc.) me
mi – we; (dat.) me
mirno – calm
miš, (pl.) miševi – mouse

misliti (ja mislim) – to think

mjesec dana – a month

mjesto – place

moći (ja mogu) – can

mogući, moguća (m/f) – possible

moliti (ja molim) – to ask, to beg

momci (pl.) – fellows, guys; N. Sg. momak – fellow

morbidan – morbid

mrtvi (pl.) – dead people

mu – (dat.) him

muškarac – man

N

naći (ja nađem) pfv. a. – to find

način – manner, way; nema drugog načina – there is no alternative / there is no other way

nad = iznad – above; izgubiti kontrolu nad vozilom – to lose control of the vehicle

nadati se (ja se nadam) – to hope

nađem – I find; (inf.) naći (ja nađem) pfv. a. – to find

naime – namely

najbolji (m) – the best

najhitnije – the most urgent, the most prompt

najljepši, najljepše (m/f) – the most beautiful

najmanje – least, fewest

Najozbiljnije! – I´m serious about that!

nakon – after

naljutiti se (ja se naljutim) pfv. a. – to get upset, to get angry

nama – (dat.) us

namjera – intention

napisan, napisana (m/f) – written

napiti se (ja se napijem) pfv. a. – to get drunk

napraviti (ja napravim) pfv. a. – to do, to make

naručiti (ja naručim) pfv. a. – to order

naslov – title

nasmijan, nasmijana (m/f) – smiling

nasmijati se (ja se nasmijem) pfv. a. – to smile

naspavati se (ja se naspavam) pfv. a. – to have a good sleep

nastaviti (ja nastavim) pfv. a. – to continue

navečer – in the evening

nazad – back

nazdraviti (ja nazdravim) pfv. a. – to raise a toast

nazvati (ja nazovem) pfv. a. – to call

Ne uzimaj ga ozbiljno! – Don´t take him seriously!

nebo – sky; kao grom iz vedra neba (phrase) – like a bolt from the blue

Neka nađe drugu zabavu! – He should find another occupation!

Neka sada ode! – He should go now!

nekako – somehow

neke (pl. f) – some

neki, neka (m/f) – some; any

neobično – unusual, particular

nepotrebno – unnecessary

nepouzdan, nepouzdana (m/f) – unreliable, uncertain

nepoznat, nepoznata (m/f) – unknown

neprijatelj – enemy

neslan, neslana (m/f) – salt-free; neslana šala – bad joke

nesreća – misfortune, accident; autobusna nesreća – bus accident

neugoda – discomfiture

neugodan, neugodna (m/f) – uncomfortable, uneasy, awkward

nezgodan, nezgodna (m/f) – discomforting

ni – also not

ni – ni = neither - nor

nigdje – nowhere

nikad – never; nikad čula – never heard (female)

nikome – (dat.; loc.) to no one

nikuda – (where to?) nowhere

niti – also not

no – (used as emphasis of statement) but, then, well

noćas – tonight

noćna posjeta – night visit

nos – nose; gurnuti pod nos – to rub sth. in

nositi (ja nosim) – to carry; to bring

novine – newspapers

novost – news

NJ

njega – (acc.) him; da nije njega – if he hadn´t existed

njegovi (coll.) = his family

nju – (acc.) her

O

o – about

o kome (loc.) – about who

obaveza – duty, obligation

obavezno – absolutely

obećati (ja obećam) pfv. a. – to promise

objasniti (ja objasnim) pfv. a. – to explain

obližnja (f) – nearby

obučen, obučena (m/f) – dressed

oči (pl.) – eyes

očito – obviously

odavde – from here

odgađanje – postponement, suspension

odgovor – answer

odlazak – departure; leave, farewell, parting; o odlasku – about departure/leave, farewell/parting

odlučiti (ja odlučim) pfv. a. – to decide

odmah – at once, immediately

odmahnuti (ja odmahnem) pfv. a. – to wave; odmahnuti rukom – to waver one´s hand to sb.

odnijeti (ja odnesem) pfv. a. – to bring, to take away

odrasli (pl.) – adults

određen, određena (m/f) – certain

određivati (ja određujem) – to determine

odsutno – absent

oduševljen, oduševljena (m/f) – excited, enthused

odustati (ja odustanem) pfv. a. – to give up

okolnost – circumstance

okrenuti se (ja se okrenem) pfv. a. – to turn

olakšanje – relief

onaj – that one

opet – again; opet sve o.k. – everything okay again

opravdan, opravdana (m/f) – entitled

osim – except

osobno – privat

ostali (m. pl.) – anothers, others

ostati (ja ostanem) pfv. a. – to stay

ostaviti (ostavim) pfv. a. – to let, to leave, to leave behind; ostaviti dojam – to leave an impression

oštro – sharp, keen

otežavati (ja otežavam) – to hinder

otišao – gone; (inf.) otići (ja odem) – to go (away)

otkad – since when

otkud – where from?; Otkud ti tako kasno? – Why so late? - Otkud bi i imala (pojma)? – How would I know?

otpiti (ja otpijem) pfv. a. – to sip

otpratiti (ja otpratim) pfv. a. – to accompany

otvarati (ja otvaram) – to open

otvoriti (ja otvorim) pfv. a. – to open

ovako – like that, in this way, in this manner

ovakvo društvo – such company

ozbiljan, ozbiljna (m/f) – serious

ozbiljno – seriously; really

ozlijeđen, ozlijeđena (m/f) – hurt, injured

oženiti (ja oženim) pfv. a. – to marry (man)

oženjen – married (man)

P

pa – (used as emphasis of statement) well, but

pad – fall, drop

padne – he/she falls; (inf.) pasti (ja padnem) pfv. a. – to fall; sve što ti padne na pamet – everything you can think of

pametan, pametna (m/f) – clever

pametniji (m) – cleverer; imati/nemati pametnijeg posla – something/nothing better to do

par – pair; couple

par puta – a few times

petoro – five people

piće – drink

pijan, pijana (m/f) – drunk

pitanje – question; tko je pametan kad je u pitanju odlazak – who should be reasonable when it is a matter of departure/farewell

plač – crying; plač bebe – baby´s crying

plaća – he pays; (inf.) plaćati (ja plaćam) – to pay, to settle up

plaćati (ja plaćam) – to pay

plakati (ja plačem) – to cry

plan, (pl.) planovi – plan

plašiti (ja plašim) – to fear

plesna kartica – dance card

plesni partner – dance partner

plivati (ja plivam) – to swim

pljuvačka – spit, spittle

pobožna (f) – religious

početi (ja počnem) pfv. a. – to start, to begin

podigao – lifted, raised; (inf.) podići (ja podignem) pfv. a. – to lift, to raise; to pick up

podignuti (ja podignem) pfv. a. – to lift, to raise; to pick up

poginuti (ja poginem) pfv. a. – to lose life

pogledati (ja pogledam) pfv. a. – to have a look, to take a look

pogodan, pogodna (m/f) – suitable

pogrešno – false, wrong, incorrect

pojam – term; ja nisam imala pojma – I have no idea

pojaviti se (ja se pojavim) pfv. a. – to appear

pokazivati (ja pokazujem) – to show

pokvaren, pokvarena (m/f) – rotten

polako – easy, slowly

poljubiti (ja poljubim) pfv. a. – to kiss

položaj – position, situation

pomoć – help

ponašati se (ja se ponašam) – to behave

ponosan, ponosna (m/f) – proud

ponositi se (ja se ponosim) – to be proud

ponoviti (ja ponovim) pfv. a. – to repeat

ponuda – offer

popis – list

popiti (ja popijem) pfv. a. – to drink

popraviti (ja popravim) pfv. a. – to repair; popraviti dan – to make the day better

popudbina = posljednja pomast – viaticum

poruka – message

pošašaviti (ja pošašavim) coll., pfv. a. – to get mad

posjet – visit

posljednja pomast – viaticum

poslovi (pl.) – issues, affairs, business

poslu → ona je u poslu – she is busy

postati (ja postanem) pfv. a. – to get, to become

postojati (ja postojim) – to exist, there is

posuda – untensil, container, bowl

posvađati se (ja se posvađam) pfv. a. – to quarrel, to be at odds with so.

potpuno – totally, entirely, completely

potraga – searching, search

potražiti (ja potražim) pfv. a. – to look for so./sth., to seek, to search

potrebno – necessary, needed; sve potrebno – everything necessary

potvrđen, potvrđena (m/f) – approved, comfirmed

potvrditi (ja potvrdim) pfv. a. – to approve, to confirm

povezati (ja povežem) pfv. a. – to connect, to get in touch

povjerenje – confidence; reći nešto u povjerenju – to say something in confidence povjerovati (ja povjerujem) pfv. a. – to believe

povrijeđen (m) – the injured one

pozadina – background

pozdrav – greeting; pružiti ruku na pozdrav – to give a hand in greeting

poznat, poznata, poznato (m/f/n) – known

poznati (ja poznajem) pfv. a. – to know

poznavati (ja poznajem) – to know

poznavati se (ja se poznajem) – to know each other

požuriti se (ja se požurim) pfv. a. – to hurry

pozvati (ja pozovem) pfv. a. – to invite; pozvati u goste – to visit

pravi, prava (m/f) – right, proper

prazan, prazna (m/f) – empty

prebrz, prebrza (m/f) – too fast

pred = ispred – in front, ahead, up front

predati (ja predam) pfv. a. – to deliver

predgrađe – suburb

predvidjeti (ja predvidim) pfv. a. – to foresee

prekinuti (ja prekinem) pfv. a. – to break up (with so.); to interrupt, to break

prekosutra – the day after tomorrow

prelijen, prelijena (m/f) – too lazy

previše – too much; nismo si bili previše dobri – we weren´t close friends

prevođenje – translating

prevoditeljica – translator

prevrnuti se (ja se prevrnem) pfv. a. – to flip over, to

tumble, to roll over, to overturn

preživjeti (ja preživim) pfv. a. – to survive

pri = kod – by, at; pri svijesti – consciously

pri tome – in it, at that, there

priča – story

pričati (ja pričam) – to talk, to have a chat

pričekati (ja pričekam) pfv. a. – to wait

prihvatiti (ja prihvatim) pfv. a. – to accept, to approve, to agree

prije – before; što prije – as soon as possible

prije nego – before

prijevod – translation

prilično – rather, pretty

pripreman, pripremna (m/f) – ready

pripremljeno – primed

priroda – nature

priznavati (ja priznajem) – to admit

proba – rehearsal

probuditi se (ja se probudim) pfv. a. – to wake up, to wake

proćelav (m) – sparse hair

pročitati (ja pročitam) pfv. a. – to read (to the end)

prodavati (ja prodajem) – to sale

prođe – he/she passes by; (inf.) proći (ja prođem) pfv. a. – to pass by

prokockati (ja prokockam) pfv. a. – to gamble away; prokockati šansu – to gamble away the opportunity

promijeniti (ja promijenim) pfv. a. – to switch, to change

propasti (ja propadnem) pfv. a. – to fail

prosim? (Slo.) – Yes, please? Pardon?

prositi (ja prosim) – to propose to sb. to ask sb. to marry

prosjek – average

prošla – gone, passed; (inf.) proći (ja prođem) – to pass, to go away; prošla je ponoć –midnight was over

prošlo – past; prošlo vrijeme – past time

prostorija – room, space, area

provjeren, provjerena (m/f) – checked, tested, reliable

provjeriti (ja provjerim) pfv. a. – to check, to verify

provoditi (ja provodim) – to spend (time)

pružiti (ja pružim) pfv. a. – to stretch, to put; pružiti ruku na pozdrav – to stretch out one´s hand in greeting

prvo – at first, first

Pusti! – Let it!

pustiti (ja pustim) pfv. a. – to let

prvi i zadnji put – the first and the last time; ovaj put – this time; Koliko puta? – How often? How many times?

put – road, path; trip, journey

putovati (ja putujem) – to travel, to journey

R

raditi (ja radim) – to do; to work

raditi se (ja se radim) – to be about sth.

rado – gladly

radoznalo – curious

ranije – earlier

rano – early

raspasti se (ja se raspadnem) pfv. a. – to fall apart

raspolaganje – disposal; Stojim ti na raspolaganju. – I am available to you.

rasprodan, rasprodana (m/f) – sold

razgovor – conversation

razlog – reason

razmisliti (ja razmislim) pfv. a. – to think

razmišljati (ja razmišljam) – to think

rečenica – sentence (text)

recept – recipe

reći – to tell

Reci mi! – Tell me!; Reci! – Tell!

red – order; u redu – okay

redovna linija – regular line

riječ – word

rijetka (f) – seldom

roditi (ja rodim) – to give a birth

ružan, ružna (m/f) – ugly

S

sa = s – with; from

sam, sama, samo (m/f/n) – alone; by oneself

san, (pl.) snovi – dream

saobraćajna nesreća – traffic accident

sastanak – meeting, date, appointment

sat – watch; hour; time

saznati (ja saznam) pfv. a. – to find out

shvatiti (ja shvatim) pfv. a. – to understand

sjećati se (ja se sjećam) – to remember

sjesti (ja sjednem) pfv. a. – to sit down

sjetiti se (ja se sjetim) pfv. a. – to remember; to come to mind

sklapati (ja sklapam) – to fold in, to close with a snap

skočiti (ja skočim) pfv. a. – to jump; skočiti do nje usput – to make a leap to her on the way

skrasiti se (ja se skrasim) pfv. a. – to settle down, to come down; Daj se malo skrasi! – Come to rest!

skrenuti (ja skrenem) pfv. a. – to turn; coll. – to get mad

skretanje – turn

skuhati (ja skuham) pfv. a. – to cook, to make lunch

skupljati (ja skupljam) – to collect

slavan, slavna (m/f) – famous

slaviti (ja slavim) – to celebrate

slediti se (ja se sledim) pfv. a. – to freeze; slediti se krv u žilama (phrase) – to freeze the blood in the veins

sličan, slična (m/f) – alike, similar

slika – picture

sljedeći, sljedeća (m/f) – next

slobodan, slobodna (m/f) – free

slovenski – Slovenian

slučaj – case; u svakom slučaju – in any case

slučajno – by accident

smetanje – disturbing

smetati (ja smetam) – to disturb

smjesta – immediately, at once

smrt (f) – death

snaći se (ja se snađem) pfv. a. – to get on, to cope

snaga – power

snimljen, snimljena (m/f) – recorded

spasonosno – rescued

spavati (ja spavam) – to sleep

spomenuti (ja spomenem) pfv. a. – to mention

spreman, spremna (m/f) – ready

spremati se (ja se spremam) – to get ready, to prepare; spremati se za spavanje – to prepare for sleep

spriječiti (ja spriječim) pfv. a. – to prevent

srdačno – warmly

sretan, sretna (m/f) – happy

stajao – stood; (inf.) stajati (ja stojim) – to stand

stalno – permanently, steady

stanje – condition, state; biti u stanju nešto napraviti – to be able to do something

stanovati (ja stanujem) – to live, to reside

stari (coll.) – the old man, father

staza – path; route, distance; duge staze – long distance

stići (ja stignem) pfv. a. – to make, to manage; to arrive in time

stisnuti (ja stisnem) pfv. a. – to press, to push

strah – fear; ukočiti se od straha – to freeze in fear

strana – side; s druge strane – on the other hand

stranica – page

strast – passion

stručni termin – technical term

stvarčica = mala stvar – little thing

sudjelovati (ja sudjelujem) – to take part, to participate

sugovornik – dialog partner

suho – dry

sumnjati (ja sumnjam) – to doubt

susjedstvo – neigbourhood

susret – encounter

sutradan – tomorrow

svadba – wedding

svakako – of course

svakodnevno – daily, day-to-day

sve – all; dalje sve do Zadra – continue to Zadar, further on to Zadar

svećenik – priest, churchman

svećenička (f) – priest´s

svet (Slo.) – world; samo če je konec sveta (Slo.) – only if the end of the world comes

svijest – consciousness; pri svijesti – consciously

svoj, svoja, svoje (m/f/n) – own

svraćati (ja svraćam) – to drop by

svrha – purpose

Š

šaliti se (ja se šalim) – to joke

šaljem – I send; (inf.) slati (ja šaljem) – to send

šansa – chance

šogor – brother-in-law

šta (coll.) = što – what; that (conjunction)

što = nešto – something

šutio – kept silence; (inf.) šutjeti (ja šutim) – to keep silence

T

ta – (f) that

taj, ta, to (m/f/n) – this

tajna (f) – secret (maskulin: tajan); tajna želja – secret wish

takmičenje – competition

te – (pl.) those

te – (acc.) you

tebi – (dat.) you

tečaj, (pl.) tečajevi – course, classes

tek – erst

tek (onda) – but now, then

teško (n) – difficult

ti – you; (dat.) you

tiču → ticati se – to concern; okolnosti nas se ne tiču – circumstances are none of our business

tijelo – body

tjerati (ja tjeram) – to drift, to push, to force; nemoj tjerati ženu – don´t force the woman to do that

točno – right, proper

tok → u toku – in the course of, during

tražiti (ja tražim) – to look for, to find

trenutak – moment

trofej – trophy

troje – three people

trošak, (pl.) troškovi – expenses

trud – effort, bother

truditi se (ja se trudim) – to effort, to bother

tržnica – vegetable market

tu i tamo – here and there, occasionally

tužno – sad

U

ubrzo – soon

udahnuti (ja udahnem) pfv. a. – to breathe in

udati se (ja se udam) pfv. a. – to marry (women)

ugledati (ja ugledam) pfv. a. – to see, to behold, to spot

ugodniji (m) – more pleasant

ujak – uncle (from mother´s side)

ujutro – in the morning

uključiti (ja uključim) pfv. a. – to turn on

ukočiti se (ja se ukočim) pfv. a. – to stiffen; ukočiti se od straha (phrase) – to be scared stiff

ukus – taste

um – mind, spirit, intellect

umiješati se (ja se umiješam) pfv. a. – to intefere

umiranje – dying

umirati (ja umirem) – to die

umjetnik – artist

umrijeti (ja umrem) pfv. a. – to die

unuk – grandchild (male)

uopće – at all, generally

uostalom – by the way

upisivati (ja upisujem) – to enroll

upitati (ja upitam) pfv. a. – to ask

uplašiti se (ja se uplašim) pfv. a. – to fear

upravo – just, now

urednik – editor

uskoro – soon

uskrsnuti (je uskrsnem) pfv. a. – to revive

usporediti (ja usporedim) pfv. a. – to compare

usput – on the way

ustanoviti (ja ustanovim) pfv. a. – to figure out

ustati (ja ustanem) pfv. a. – to stand up

utjecati (ja utječem) – to influence

utjerati (ja utjeram) pfv. a. → utjerati strah u kosti (phrase) – to get so. scared

uvjeravati (ja uvjeravam) – to assure

uvjeren, uvjerena (m/f) – assured

uvjerenje – conviction

uvjeriti (ja uvjerim) pfv. a. – to convince, to assure

uvjerljiv (m) – convincing

uvjerljivost – persuasive power, persuasiveness

uzbuđenje – excitement

uzdahnuti (ja uzdahnem) – to sigh

uzeti (ja uzmem) pfv. a. – to take, to take away

uživati (ja uživam) – to enjoy

V

valjda – probably

van = izvan – out, outside

važno – important

već – already, yet

vedro nebo – blue sky; kao grom iz vedra neba – like a bolt from the blue

veselo – cheery, merry

veza – connection; on nema veze s tim – he has nothing to do with this

veza – connection; u vezi – concerning, regarding

vic, (pl.) vicevi – joke

viđati se (ja se viđam) – to see each other, to meet

vidjeti se (ja se vidim) pfv. a. – to see each other, to meet

vikati (ja vičem) – to shout, to yell, to scream

vječan, vječna (m/f) – eternal, forever

vjenčati se (ja se vjenčam) pfv. a. – to get marry

vjerojatno – probably

vjerojatnost – probability

vježbanje – practice

vlastit, vlastita (m/f) – own

vol – ox; istući koga kao vola u kupusu (phrase) – to beat so. black and blue

vozač – driver

vozilo – vehicle

vožnja – ride, drive; par sati vožnje – a few hours' travel

vraćati se (ja se vraćam) – to come back

vrata – door

vratiti se (ja se vratim) pfv. a. – to come back

vremena → N: vrijeme: time; weather; kad sam imala slobodnog vremena – when I was free, when I was off; za vrijeme – while

vrtjeti se (ja se vrtim) – to turn

Z

za – for; to, at

zaboraviti (ja zaboravim) pfv. a. – to forget

začuditi se (ja se začudim) pfv. a. – to wonder

začuti (ja začujem) pfv. a. – to hear

zadnji, zadnja (m/f) – the last one

zadržati (ja zadržim) pfv. a. – to stay, to stop

zagrliti (ja zagrlim) pfv. a. – to embrance, to give a hug

zahvaliti se (ja se zahvalim) pfv. a. – to thank; Zahvali se u moje ime! – Thank you in my name!

zaliti (ja zalijem) pfv. a. – to water

zaljubiti se (ja se zaljubim) pfv. a. – to fall in love

zapeti (ja zapnem) pfv. a. – to stick; pljuvačka mi je zapela u grlu – I have lost the spit, I was breathless

zastati (ja zastanem) pfv. a. – to pause

zaviditi (ja zavidim) pfv. a. – to envy

zavoj – bend, turn

završetak – end, cutoff

zazvoniti (ja zazvonim) pfv. a. – to ring

zbilja – really

Zbogom! – Adieu! Goodbye!

zbuniti (ja zbunim) pfv. a. – to distract, to confuse

zbunjen, zbunjena (m/f) – distracted, confused

zbunjenija (f) – more distracted, more confused

zbunjenost – confusion

zdrav, zdrava (m/f) – healthy

zdravlje – health

zezati se (ja se zezam) coll. – to joke

zloba – malice

značiti (ja značim) – to mean

znati (ja znam) – to know; can

zreo, zrela (m/f) – mature

zvati (ja zovem) – to invite; to call

zvati se (ja se zovem) – to call by name

zvoniti (ja zvonim) – to ring

zvučati (ja zvučim) – to sound

Ž

žao → bilo mi je žao – I was sorry

želja – wish

ženiti se (ja se ženim) – to marry (man)

žila – vein

živ, živa (m/f) – alive

život – life

Croatian Made Easy

Available from January 2026

Mini Novels

Level 0: Easystarts = Novice Low (A1) | up to 400 words

Ana Bilić: My Long-Distance Relationship / Moja daleka ljubav
paperback, e-book, audio book and interactive e-book

Ana Bilić: The Silver Lamp / Srebrna lampa
paperback, e-book, audio book and interactive e-book

Ana Bilić: The Stone Vase / Kamena vaza
paperback, e-book, audio book and interactive e-book

Level 1: Beginners = Novice Mid, High (A1) | up to 800 words

Ana Bilić: The Extraordinary Challenge / Izuzetni izazov
paperback, e-book, audio book and interactive e-book

Ana Bilić: A Definite Thing / Definitivna stvar
paperback and e-book

Ana Bilić: The Little Big Decision / Mala velika odluka
paperback and e-book

<u>Level 2: Intermediate = Intermediate Low (A2) | up to 1.200 words</u>

Ana Bilić: Next to me / Kraj mene
paperback, e-book, audio book and interactive e-book

Ana Bilić: The Stranger / Stranac
paperback and e-book

<u>Level 3: Advanced = Intermediate Mid, High (B1) | up to 1.700 words</u>

Ana Bilić: The Girlfriends / Prijateljice
paperback and e-book

Ana Bilić: Summer Holiday in Istria / Ljetovanje u Istri
paperback, e-book, audio book and interactive e-book

Ana Bilić: Departure / Odlazak
paperback and e-book

<u>Level 4: Perfection = Advanced Low, Mid (B2) | up to 2.200 words</u>

Ana Bilić: My Name is Monika – Part 1/ Moje ime je Monika – 1. dio
paperback and e-book

Ana Bilić: My Name is Monika – Part 2/ Moje ime je Monika – 2. dio

paperback and e-book

Ana Bilić: My Name is Monika – Part 3/ Moje ime je
Monika – 3. dio
paperback and e-book

<u>Level 5: Perfection Plus = Advanced High (C1) | up to 2.800
words</u>

Ana Bilić: The Encounter / Susret
paperback and e-book

Ana Bilić: The Date / Sastanak
paperback and e-book

<u>Level 6: First Language = Superior (C2) | up to 3.500 words</u>

Ana Bilić: The Visit / Posjet
paperback and e-book

Ana Bilić: An Interesting Motive / Interesantan motiv
paperback and e-book

<u>Level 7: Standard Literature – without vocabulary section</u>

Snježana (Ana) Bilić: Život s voluharicama – nadrealne priče
paperback and e-book

Snježana (Ana) Bilić: Knjiga o Takama – bajke za odrasle

paperback and e-book

Ana Bilić: Ulica snova – fantastične priče
paperback and e-book

Ana Bilić: O jasnoći i drugim zabludama – pjesme
paperback and e-book

Textbooks

<u>Level 0: Easystarts = Novice Low (A1) | up to 400 words</u>

Ana Bilić: Croatian Simple Sentences 1
paperback, e-book, audio book and interactive e-book

Ana Bilić: Croatian Simple Sentences 2
paperback, e-book, audio book and interactive e-book

Ana Bilić: Croatian Simple Sentences 3
paperback, e-book, audio book and interactive e-book

Please visit our homepage
<u>www.croatian-made-easy.com</u>
and learn more about other mini-novels and other learning
material. New books and digital media are published continuously.